AF131756

Fedra

• • • • • • • • • • • • • •

Jean Racine

ANALIZA KSIĄŻKI

Napisany przez Claire Cornillon
Przetłumaczony przez Kâmil Kowalski

Fedra

JEAN RACINE

JEAN RACINE

FRANCUSKI DRAMATURG

- **Urodził się w La Ferté-Milon w 1639 r.**

- **Zmarł w Paryżu w 1699 r.**

- **Godne uwagi prace:**

  - *Andromacha* (1667), tragedia

  - *Brytanik* (1669), tragedia

  - *Berenika* (1670), tragedia

Jean Racine (1639-1699) był głównym przedstawicielem trage-dii klasycznej XVII wieku, tak jak Molier (1622-1637) komedii. Po zaawansowanej edukacji w opactwie Port-Royal osiadł w Paryżu, gdzie od 1663 roku został przyjęty na dwór Ludwika XIV i prowadził błyskotliwą karierę dramatopisarską. Pamiętany głównie z tragedii, napisał ich jedenaście. Tragedie te, napi-sane w poetyckim, a zarazem prostym stylu, czerpały inspirację z mitologii greckiej (*Andromacha*), historii rzymskiej (*Brytanik*) lub chrześcijańskiej (*Atalia*) i zgłębiały ludzkie namiętności.

FEDRA

PRZEPISYWANIE STAROŻYTNEGO MITU

- **Gatunek:** sztuka teatralna (tragedia)
- **Wydanie referencyjne:** Racine, J-B. (2008) *Phaedra*. [Online]. Tłum. Boswell, R.B. [dostęp 27 września 2016]. Dostępny w: <http://www.gutenberg.org/files/1977/1977-h/1977-h.htm>.
- **Pierwsze wydanie:** 1677
- **Tematy:** namiętność, samobójstwo, porządek, transgresja

Fedra jest jedną z najsłynniejszych sztuk Racine'a i została wystawiona po raz pierwszy w 1677 roku. Ta tragedia w pięciu aktach została pierwotnie napisana wierszem, choć ta cecha nie została zachowana w angielskim tłumaczeniu, i przedstawia kazirodczą miłość tytułowej bohaterki, Fedry, do syna jej męża, Hipolita. Ta postać z mitologii greckiej jest bohaterką tragiczną, ponieważ rządzą nią winne namiętności, przez co doprowadza do nieszczęścia wszystkich wokół, w tym Hipolita. W końcu sama się zabija.

PODSUMOWANIE

AKT I

Scena rozgrywa się w Trezen, mieście na Peloponezie. Nikt nie wie, czy Tezeusz, król Aten, jeszcze żyje. Hipolit, jego syn, postanawia wyruszyć na jego poszukiwanie. Ponadto Fedra, żona Tezeusza, wydaje się go nienawidzić i pragnie opuścić Trezen. Tłumaczy swojemu namiestnikowi, Teramenesowi, że: "Ten szczęśliwy czas / Minął i wszystko się zmieniło, gdyż na te brzegi / Bogowie zesłali Fedrę" (scena 1). Hipolit jest zakochany w Arycji, siostrze wrogów Tezeusza. Stwierdza on: "Srogim nakazem mego ojca / Krew jej braci nie może być nigdy wzmocniona / Przez synów jej" (Scena 1).

Fedra jest umierająca. Enona, jej pielęgniarka i powiernica, zastanawia się, na co cierpi. Fedra wyznaje jej, że żywi kazirodczą miłość do Hipolita, syna swego męża. Mówi, że kiedy zobaczyła go po raz pierwszy, "patrzyłam, na przemian bladłam i rumieniłam się / Na jego widok, a moja dusza była cała rozdygotana" (scena 3).

Ogłoszona zostaje śmierć Tezeusza, a Enona radzi Fedrze, by poddała się uczuciom, gdyż jest teraz wdową: "Śmierć króla uwolniła cię od więzów / Które uczyniły zbrodnię i grozę twojej miłości" (scena 5).

AKT II

Hipolit wyjawia Arycji, że jest wolna i wyznaje jej miłość. Fedra pragnie porozmawiać z Hipolitem i kończy mówiąc mu, że go kocha: "Kocham. Ale nie myśl / Że w chwili, gdy cię najbardziej kocham / Nie czuję swojej winy" (scena 5). Choć wydawało się, że go nienawidzi, wynikało to tylko z tego, że go kochała: "'Nie wystarczyło mi latać, przegoniłam cię / Z kraju, chcąc się wydać / Nieludzką, odrażającą; żeby ci się lepiej oprzeć, / Dążyłam do tego, żebyś mnie znienawidził" (Scena 5).

Teramenes ogłasza Hipolitowi, że nowym królem jest syn Fedry. Jednak plotka głosi, że Tezeusz żyje. Hipolit chce się dowiedzieć czegoś więcej.

AKT III

Enona oznajmia Fedrze, że Tezeusz żyje i radzi jej, by oskarżyła Hipolita o to, że ją kocha, aby odeprzeć wszelkie zarzuty, jakie mógłby przeciwko niej wysunąć: "Odważ się oskarżyć go najpierw, / Jako winnego zarzutu, który może wnieść / Tego dnia przeciwko tobie" (scena 3).

Tezeusz powraca. Hipolit chce opuścić Trezen, aby udowodnić swoje męstwo.

AKT IV

Enona mówi Tezeuszowi, że Hipolit był zakochany w Fedrze. Tezeusz w gniewie wzywa Neptuna i prosi go o ukaranie syna: "Pomścij nieszczęsnego ojca! / Zostawiam tego zdrajcę gniewowi twemu; we krwi" (Scena 2). Hipolit broni się, wyznając miłość do Arycji, ale ojciec mu nie wierzy.

Fedra przychodzi bronić Hipolita i Tezeusz mówi jej wówczas, że podobno jest zakochany w Arycji.

Fedra woła: "Bogowie, kiedy, głuchy na wszystkie moje westchnienia i łzy, / Uzbroił swe oko w pogardę, swe czoło w groźby, / Uznałam, że jego serce, nie do zdobycia dla miłości, / Było umocnione przeciw całej mej płci." (Scena 5). Następnie bardzo się gniewa na Enonę, którą obwinia za to, że źle jej doradziła, sugerując, by oskarżyła Hipolita.

AKT V

Arycja prosi Hipolita, by powiedział ojcu prawdę o uczuciach Fedry do niego, ale ten odmawia: "Jakże miałbym się odważyć, wyjawiając wszystko, / By ojcowskie czoło poczerwieniało ze wstydu?" (Scena 1). Prosi ją, by odeszła z nim, ale ponieważ nie są małżeństwem, obawia się, że jej honor zostanie splamiony. Wtedy on proponuje jej małżeństwo. Ona się zgadza.

Arycja mówi Tezeuszowi, że niesprawiedliwie oskarżył jego syna, ale nie mówi mu prawdy o Fedrze. Tezeusz ma wątpliwości. Dowiaduje się, że Enona popełniła samobójstwo i że Fedra również chce umrzeć. Rozumie, że mógł się pomylić: "Nie spiesz się ze spełnieniem / Straszliwych, zamiarów Neptunie; wolę / Raczej zrzec się twoich darów. Zbyt szybko / Podniosłem okrutne ręce, wierząc ustom / Które mogły kłamać!" (Scena 5).

Przybywa Teramenes, by oznajmić Tezeuszowi śmierć Hipolita. Hipolit został zabity przez potwora z morza. Fedra, która spożyła truciznę, przybywa, by wyznać Tezeuszowi prawdę przed wydaniem ostatniego tchnienia. Umiera.

STUDIUM POSTACI

FEDRA

Fedra jest córką Minosa i Pasifae, która znana jest z tego, że urodziła Minotaura, potwora będącego pół człowiekiem, pół bykiem. Minos obraził Posejdona, greckiego boga mórz, a ten, aby się zemścić, kazał Pasifae zakochać się w byku. Rodzina Fedry jest więc naznaczona okrutnym i tragicznym losem.

Jest żoną Tezeusza, króla Aten, ale zakochała się w jego synu, Hipolicie. Przez to przewinienie uruchamia tragiczny proces, który może zakończyć się tylko śmiercią. Do tego pierwszego przewinienia dodaje drugie – obwinia Hipolita, aby uchronić się przed własnymi wadami, powodując tym samym jego śmierć. W tym błędnym kole jedna wina rodzi drugą.

Sztuka nosi jej imię i jest ona centralną postacią. Okrutna w oczach Hipolita, jej postawa skrywa głęboką miłość do młodzieńca. To kobieta, której uczucia są zaostrzone, rządzą nią namiętności: darzy winną miłością syna swego męża, ale też wyładowuje swój gniew na swej powiernicy, Enonie, doprowadzając ją w konsekwencji do samobójstwa. Jest wreszcie zazdrosna o Arycję i o miłość Hipolita do niej.

Od początku sztuki jej stan fizyczny jest echem jej moralnego cierpienia, a cała sztuka może być postrzegana jako postęp jej agonii, aż do śmierci przez truciznę. Usycha, żerana przez swoją tajemnicę i poczucie winy – winy spowodowanej najpierw przez jej miłość, a potem przez krzywdę, którą przynosi.

"W moich ramionach tajemnicza choroba / Zabija ją", mówi Enona w drugiej scenie. Również gdy pojawia się na scenie, maluje żałosny portret samej siebie: "Ach, jakże mnie gnębią te ciasne gaudy, / Te zasłony! Jakaż to sprawna ręka / Zawiązała te węzły, i zebrała na mym czole / Te kłębiące się zwoje? Jakże wszystko sprzysięga się, by dodać / Do mego nieszczęścia!" (Akt I, Scena 3). Nie mogąc znieść tej sytuacji, w końcu wyznaje prawdę, zanim w ostatniej scenie zakończy swoje życie.

HIPOLIT I ARYCJA

Hipolit jest synem Tezeusza. Jego cechy są wychwalane przez wszystkich bohaterów. Jest on człowiekiem honorowym. Jego odwaga jest kilkakrotnie podkreślana, a mianowicie przez Teramenesa, który w swojej relacji o jego śmierci opisuje go jako bohaterskiego wojownika. Rzeczywiście, nie waha się stawić czoła potworowi, gdy wszyscy wokół uciekają przed niebezpieczeństwem: "Wszyscy lecą, zapominając o odwadze / Która nie może pomóc, i w sąsiedniej świątyni / Schronić się – wszyscy z wyjątkiem odważnego Hipolita. / Godny syn bohatera, zatrzymuje jego rumaki, / Chwyta jego lotki" (Akt V, Scena 6).

Woli zostać niesprawiedliwie oskarżony, niż sprawić ojcu ból na wieść o kazirodczej namiętności żony. Podobnie jak Arycja, reprezentuje on cnotę. W związku z tym młoda kobieta zgadza się na ucieczkę z Hipolitem, co on sugeruje, ale tylko pod warunkiem, że będą małżeństwem. W porównaniu z postaciami Fedry, Enony i Tezeusza, którzy wszyscy są w ten czy inny sposób winni, są oni niewinnymi ofiarami tragicznych wydarzeń. Teramenes mówi: "Widziałem kwiat całej ludzkości / Ścięty, i śmiało mówię, że nikt / Mniej na niego nie zasługuje" (Akt V, Scena 6).

ENONA

Enona jest ważną postacią w sztuce, ponieważ jako pierwsza słyszy wyznanie Fedry i to właśnie ona doradza jej później. Kiedy uważa się, że Tezeusz nie żyje, sugeruje, by Fedra zaakceptowała swą miłość i to ona radzi Fedrze, by oskarżyła Hipolita, kiedy Tezeusz wróci. Dlatego to właśnie Enona popycha Fedrę dalej w kierunku zbrodni, przestępstwa i zdrady.

Jest jednak powierniczką Fedry i działa zawsze tylko w jej interesie. Jest szczególnie lojalna. Dlatego, gdy Fedra odrzuca ją, obwiniając za wszystkie wydarzenia, mimo że dzielą się tą odpowiedzialnością, Enona rzuca się do morza i kończy swój żywot: "Enona, zawstydzona i wypędzona z oczu, / Rzuciła się w głębiny oceanu" (Akt V, Scena 5).

TEZEUSZ

Tezeusz to król Aten, mąż Fedry i ojciec Hipolita, którego począł z Antiope, królową Amazonek. Jest postacią autorytetu, który reprezentuje prawo, stara się odkryć prawdę i ukarać winowajców.

Na początku sztuki uważa się go za zmarłego, ale w rzeczywistości żyje. Przybywa w sam środek dramatu, nie posiadając wiedzy pozwalającej na jego pełne zrozumienie. Nie wie o miłości Fedry do Hipolita, ani o namiętności tego ostatniego do Arycji. Wszyscy bohaterowie okłamują go lub ukrywają przed nim prawdę. Dlatego jedyne, czego pragnie, to dowiedzieć się prawdy.

Jednak Tezeusz, pokładając zaufanie w Fedrze i Enonie, myli się i uważa, że jego syn jest winny zbrodni, której jest niewinny. W sztuce Tezeusz jest konsekwentnie, jak Fedra, zarówno winowajcą, jak i ofiarą. Stracił syna przez pochopne decyzje i prośbę Neptuna o ukaranie Hipolita. Na końcu sztuki wykrzykuje: "Chodź, pójdziemy, / I z krwią mojego nieszczęśliwego syna / Zmieszamy nasze łzy, ściskając jego drogie szczątki, / W głębokiej skrusze za modlitwę znienawidzoną" (Akt V, Scena 7).

ANALIZA

KLASYCZNA TRAGEDIA

W *Fedrze* Racine skrupulatnie przestrzegał zasad klasycznej tragedii. Po pierwsze, tragedia zawiera jedność akcji: cała sztuka skupia się na namiętności tytułowej bohaterki. Każdy akt jest swoistym krokiem ku śmierci: wyznanie namiętności, publiczna spowiedź, potępienie miłości kazirodczej, konsekwencje tej miłości, wreszcie śmierć jako nieuchronna kara. Ponadto sztuka ta rozgrywa się w jednym dniu i w jednym miejscu (Trezen, miasto na Peloponezie), a więc z poszanowaniem zasad jedności czasu i miejsca.

Ograniczenia te służą jednak większej sprawności dramatycznej. Można na przykład przeanalizować relację Teramenesa o śmierci Hipolita, długą tyradę i jeden z najpiękniejszych aktów męstwa w sztuce. Nie tylko jej charakter retransmisji pozwala na zachowanie jedności miejsca i zasad przyzwoitości, które zabraniały przedstawienia tak gwałtownej śmierci na scenie (nie zapominając o trudnościach związanych z inscenizacją takiej sceny), ale forma ta wzmacnia również ten moment poprzez dyskurs. Zamiast pokazywać, Racine opowiada. To powstrzymanie środków dramatycznych dało największe efekty. Język gloryfikuje heroiczną śmierć młodzieńca i patos momentu, w którym Arycja odkryła ciało kochanka. Zamiast rozciągnięcia akcji, język ją skraca. To również ten rygor czyni Racine'a idealnym przedstawicielem tragedii klasycznej.

SPOWIEDŹ

Konstrukcja dramatyczna sztuki opiera się na mowie. Dodatkowo elegancja i sprawność racinowskiego wiersza jeszcze bardziej podkreślają to znaczenie słowa. Miłość jest w centrum sztuki, ale całym wyzwaniem jest jej wyznawanie. Sztuka jest drogą ku wyznaniu i stopniowemu odkrywaniu prawdy:

- Po pierwsze, to wyznanie miłości, które musi być dokonane. Hipolit wyznaje miłość do Arycji Teramenesowi, a Fedra wyznaje swoją miłość do Hipolita Enonie. Rola powierników jest zasadnicza. Umożliwiają oni wypowiedź, tworzą intymną przestrzeń, w której może nastąpić wyznanie. Enona mówi "Słyszę cię. Mów" (Akt I, Scena 3).

- Po drugie, wyzwaniem jest upublicznienie wyznania. Fedra wyznaje miłość Hipolitowi, a on mówi ojcu, że kocha Arycję.

- Po trzecie, sztuka mowy skupia się na Tezeuszu, nowym bohaterze tragedii, która powoli zostaje przed nim odsłonięta. Spowiedź zamienia się w kłamstwo, a prawda pozostaje dla Tezeusza niedostępna.

- Dopiero na samym końcu sztuki Tezeusz poznaje prawdę, a mianowicie miłość Fedry do Hipolita. Jest już jednak za późno, kłamstwa doprowadziły do nieodwracalnej tragedii.

Akcja nie postępuje więc przez czyny, ale przez słowa. Wszystko polega na mówieniu lub niemówieniu. Czy warto powiedzieć prawdę ryzykując spowodowanie nieszczęścia innej osoby (dla Fedry: przyznanie się do zbrodni; dla Hipolita: sprawienie bólu ojcu), czy lepiej zachować tajemnicę ryzykując niewiedzę i potencjalne wielkie nieszczęścia?

PORZĄDEK I TRANSGRESJA

Tezeusz reprezentuje porządek i to właśnie podczas jego nie-obecności tragedia zaczyna się rozgrywać. Reprezentuje on porządek ludzi, porządek polityczny, ale także porządek bogów. Rzeczywiście, Neptun, rzymski bóg mórz (odpowiednik Posejdona), odpowiada na życzenia Tezeusza: "Proszę cię teraz. Pomścij nieszczęsnego ojca! / Zostawiam tego zdrajcę twojemu gniewowi" (Akt IV, Scena 2).

Porządek zostaje zaburzony przez podwójną transgresję. Pierwszą transgresją jest sama zbrodnia, czyli kazirodcza miłość Fedry, która jest ostateczną transgresją, gdyż podważa podstawową strukturę społeczeństwa: rodzinę. Drugą transgresją jest kłamstwo: próbując przywrócić światu sprawiedliwość i porządek, Tezeusz tylko jeszcze bardziej go zaburza. Nie znając prawdziwej zbrodni, oskarża i karze niewinnego, w czym pomagają mu bogowie. Dlatego można to uznać za fatalizm. Tragedia jest nierozwiązywalna, bez możliwości ucieczki. Tezeusz robi to, co uważa za dobre, ale jest w błędzie. Zbyt szybko oskarżając bez dowodów, jest ostatecznie, jak Fedra, przedmiotem ruchu pasji i musi zapłacić cenę.

Racine otrzymał wykształcenie jansenistyczne. Według jansenistów każdy człowiek albo jest, albo nie jest dotknięty łaską Bożą, a jeśli nie jest, to jego czyny nigdy nie będą w stanie uratować go przed przeznaczeniem. Ideologia ta wpłynęła na teatr Racine'a, gdyż tworzy on postacie, które nie mogą uniknąć swojego losu. W tym kontekście jedynym sposobem na zadośćuczynienie za transgresję i przywrócenie porządku w świecie jest śmierć. Dlatego też Fedra i Enona popełniają samobójstwo. Śmierć jest jedynym możliwym następstwem po ostatecznej hańbie.

NAMIĘTNOŚĆ

W przeciwieństwie do Tezeusza, który reprezentuje porządek, Fedra uosabia nieład. Jest postacią żżeraną przez swoje namiętności. W jej wnętrzu nieustannie walczą miłość i rozsądek. Nie zdecydowała się paść ofiarą kazirodczej miłości, ta miłość zawładnęła nią nagle. Taki sens ma jej uwaga do Enony: "Ujrzałam go: me lico spłonęło, pobladło / Dziwne zmieszanie jakieś na duszę mi padło" (Akt I, Scena 3). Namiętność to, etymologicznie, coś, co jest przeżywane. Rzeczywiście, w ten sposób miłość jest przedstawiona w tyradzie Fedry: "To już nie krwi krążącej w mych żyłach pożary; / To Wenus sama wpiła się w gardziel ofiary" (Akt I, Scena 3). Fedra nie jest już myślącym podmiotem, ale przedmiotem zdominowanym przez swoją namiętność. W tym przypadku reaguje ciało, a nie dusza: ciało jest miejscem namiętności, a dusza – miejscem rozumu. Rozum zostaje więc wymazany, zmiażdżony przez siłę namiętności; Fedra cierpi z powodu tej reakcji ciała. To właśnie wyjaśnia Racine w swojej przedmowie:

> W istocie, Fedra nie jest ani całkowicie winna, ani całkowicie niewinna. Jest zaangażowana, przez swoje przeznaczenie i gniew bogów, w bezprawną namiętność, której jako pierwsza się brzydzi. Próbuje zrobić wszystko, by się z tym pogodzić. Wolałaby umrzeć, nie wyznając tego nikomu, a kiedy zostaje zmuszona do ujawnienia, robi to z zakłopotaniem, które jasno pokazuje, że jej zbrodnia jest karą od bogów, a nie wytworem jej własnej woli.

Miłość jest nie do opanowania, a przede wszystkim staje się obsesyjna. Cała jej istota jest podporządkowana miłości. Jest to jednak miłość winna. Fizyczne usychanie Fedry odzwierciedla jej psychologię: opętana zakazaną miłością staje się cieniem dawnej siebie.

Choć powinna się kontrolować, pozwala, by straszne wyznanie wymknęło się, nie tylko raz, ale dwa razy, jakby ciężar tajemnicy był tak ciężki, że nie mogła go unieść. Czyniąc to, przypieczętowuje swój własny straszny los, gdyż wie, że jej miłość nie może być odwzajemniona. Ulegając namiętności, wbrew rozsądkowi, jej uczucia zostają uwolnione, od zazdrości do gniewu, z wszechogarniającą złością.

DALSZA REFLEKSJA

KILKA PYTAŃ DO PRZEMYŚLENIA...

- Jak przedstawia się Fedra w oczach Hipolita na początku sztuki? Jak wygląda, gdy po raz pierwszy pojawia się na scenie?

- Sztuka jest serią wyznań. Wymień je i pokaż, jak rozwija się fabuła.

- Jak Hipolit i Arycja reprezentują cnotę w sztuce?

- Jaka jest rola Teramenesa i Enony w fabule?

- W jaki sposób Fedra jest bohaterką tragiczną?

- Jak Hipolit jest przedstawiany przez Teramenesa, gdy ten opowiada o okolicznościach jego śmierci?

- Które postacie reprezentują w sztuce fatalizm?

- Sztuka przedstawia dwie strony miłości. Czym one są? Które postacie je uosabiają?

- Twoim zdaniem, dlaczego *Fedra* odniosła taki sukces, kiedy została po raz pierwszy wystawiona i dlaczego odnosi sukcesy do dziś?

DALSZE CZYTANIE

WYDANIE REFERENCYJNE

Racine, J-B. (2008) *Phaedra.* [Online]. Tłum. Boswell, R.B. [dostęp 27 września 2016]. Dostępny w: <http://www.gutenberg.org/files/1977/1977-h/1977-h.htm>.

Chcemy usłyszeć od Ciebie, co się dzieje!
Zostaw komentarz na temat swojej internetowej biblioteki
i podziel się swoimi ulubionymi książkami w mediach społecznościowych!

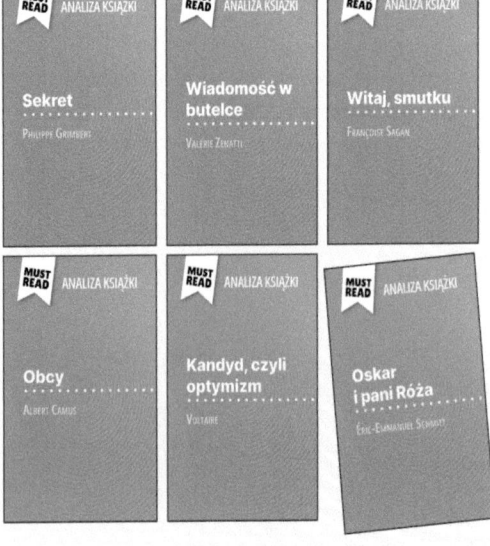

www.50minutes.com

Master ISBN: 9782808693530
Papierowy ISBN: 9782808614931
Depozyt prawny: D/2023/12603/1773

Verhaal: © Primento

Projekt cyfrowy: Primento, cyfrowy partner wydawców.